CB067882

Zara Zureta

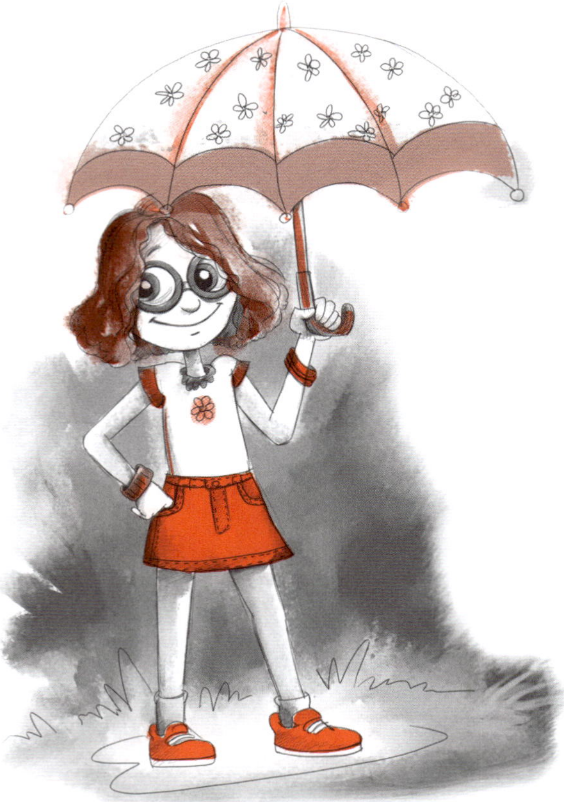

Maristela Provedel

Zara Zureta

ILUSTRAÇÕES
Cláudia Jussan

ROCCO
JOVENS LEITORES

Copyright © 2013 by Maristela Provedel

Direitos desta edição reservados à
EDITORA ROCCO LTDA.
Av. Presidente Wilson, 231 – 8º andar
20030-021 – Rio de Janeiro, RJ
Tel.: (21) 3525-2000 – Fax: (21) 3525-2001
rocco@rocco.com.br / www.rocco.com.br

Printed in Brazil / Impresso no Brasil

Gerente editorial: Ana Martins Bergin
Preparação de originais: Carolina Leal
Projeto gráfico e diagramação: Manon Bourgeade

CIP-BRASIL. CATALOGAÇÃO NA FONTE.
SINDICATO NACIONAL DOS EDITORES DE LIVROS, RJ.

P963z

Provedel, Maristela
Zara Zureta / Maristela Provedel; ilustrações de Cláudia Jussan. - Rio de Janeiro: Rocco Jovens Leitores, 2013. Primeira edição.
ISBN 978-85-7980-104-4

1. Ficção infantojuvenil brasileira. I. Jussan, Cláudia, 1974-. II. Título.

12-0244   CDD 028.5   CDU 087.5

O texto deste livro obedece às normas do
Acordo Ortográfico da Língua Portuguesa.

Este livro foi impresso na Gráfica Edelbra Ltda.,
Erechim - RS.

Para Luiza e Maria. E para as pessoas que transitam intensamente por entre as imagens que a vida lhes apresenta e, a partir delas, constroem sua forma particular de ser.

1

Tarântula, viúva-negra, caranguejeira... aracnídeos.

Escaravelho, rola-bosta, joaninha, cigarras... insetos.

Pitangueira, pé de araçá, abacateiro, pé de jenipapo, pé de jambo, bananeira, jabuticabeira, pé de abricó... árvores.

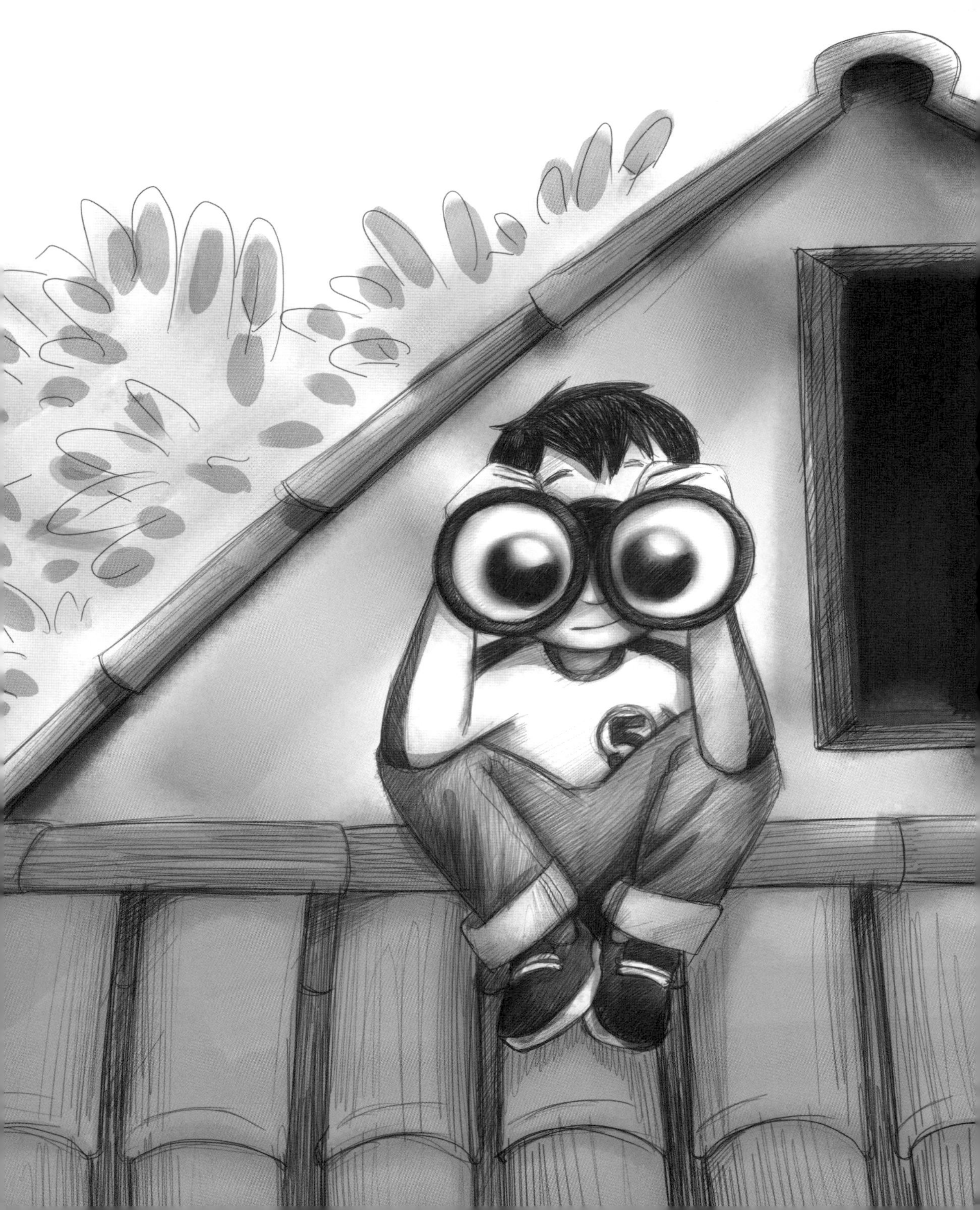

"Anota aí, tarântula, o Boletim da Madrugada."

O nome dela é Zara. Tem 10 anos, cabelos curtos, usa óculos fundo de garrafa, filha única de dona Zilda e de seu Zacarias. Um pouco bonitinha.

"Não, não, apaga. Escreve só "simpática"."

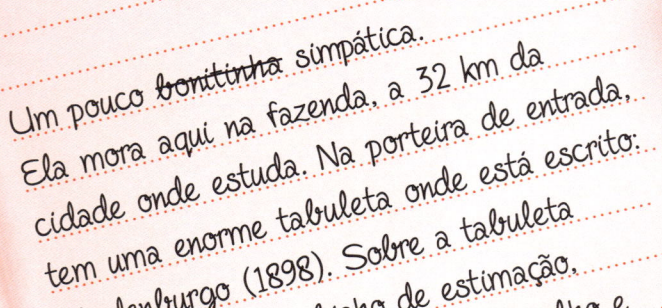

Um pouco ~~bonitinha~~ simpática. Ela mora aqui na fazenda, a 32 km da cidade onde estuda. Na porteira de entrada, tem uma enorme tabuleta onde está escrito: Verdenburgo (1898). Sobre a tabuleta encontra-se o seu bicho de estimação, Jeremias, um galo pra lá de vermelho e sempre de plantão.

Anotou as informações? Demora não porque ficar pendurado nessa goiabeira segurando um megabinóculo não é mole, falou? Minhas canelas estão lascadas, mas vai valer a pena! Preciso saber a hora que a menina vai acordar... Vai, escreve aí:

A casa é enorme, com belas varandas. Tem duas redes pra se balançar. Na frente, um jardim com pitangueiras, coqueiros, limoeiros, flores de todos os tipos, grama bem verdinha, além de formigueiros, marimbondeiros e muitas galinhas. O jardim é tão grande que faz a casa parecer de brinquedo. Nos fundos, tem um quintal onde a mãe dela cuida da horta. Do outro lado do jardim, vivem porcos, bois e vacas. É uma bicharada sem fim.

> Agora eu te pergunto: ao lado da casa dela fica o quê? É a minha nova casa, Arac! Dá pra você enxergar? Fica ligado! Continuando... Estou aqui na espera e na escuta... Shiiiiiiiii... vejo movimentos e sombras. Salta aqui pro abacateiro! A menina está tentando abrir a janela do quarto... credo! Que cara amassada, olha o cabelo parece um capacete atropelado! Ih! Ela sumiu. Não está mais no quarto. Fiquei sem campo de visão.

No corredor principal da casa de Zara, o relógio de parede soa cinco badaladas. O nosso espião não pode ver, mas eu posso informar a você o que se passa. Nesse momento, Jeremias-o-galo aproxima-se da janela da cozinha e bate o bico no vidro.

— Cinco horas! Minha Nossa Senhora! Será que ainda dá tempo?

Zara corre em direção a Jeremias, mas a dois passos da janela, ela derruba um copo. O barulho, estridente, ecoa pelos ladrilhos.

— Tomara que eu não tenha acordado ninguém...

Espera alguns segundos, nada acontece. Em seguida, abre o vidro e salta. Apenas Jeremias-o-galo escuta o baque surdo de Zara aterrissando no jardim. Há ali um tapete natural de grama esmeralda, macia de pisar descalço e que faz cosquinha na sola dos pés.

Ela logo pega uma lanterna na sacola amarrada à sua cintura, acende e ilumina uma folha de papel.

— Agora é só seguir o mapa: estou na Ala Noroeste do jardim, Setor Marimbondeiro, e preciso ir para a Ala Central, Setor Formigueiro.

Enquanto isso, nosso espião continua observando a menina.

Arac, meu brou, a imagem voltou! Vem ver! Tô achando essa garota meio zureta. Olha lá! Tá falando sozinha, ziguezagueando no meio do jardim... E com uma lanterna na mão! Acho que é sonâmbula. Ouvi dizer que se a gente tentar despertar um sonâmbulo, ele nunca mais acorda! Já pensou nisso, meu camarada?

Faz frio e o sol começa a nascer. Zara encosta-se num tronco de árvore e olha o mapa. Naquele restinho de escuridão da noite, um vaga-lume ilumina seus passos, planando por entre seus braços.

— 2 passos pra frente, 3 pra direita, 4 pra trás, 5 pra esquerda, passando por detrás da mangueira, 6 pra frente, 2 pra direita, mais 5 pra frente... Ai! Não posso errar de novo! 5 pra esquerda, 4 pra trás, 4 pra direita, 3 pra frente... ui! Tô ficando zonza! 2 pra trás, 1 pra esquerda e 1 pra direita. Que nervoso! Acho que é aqui mesmo!

O lugar encontrado é sagrado para Zara. Vinte e quatro horas atrás, ela perdeu seu último dente de leite e juntou-o aos outros dentes no interior de uma caixinha de prata, forrada com veludo vermelho. A caixa estava no fundo de sua gaveta secreta e, numa tarde solitária, ela escolheu esse esconderijo no jardim para enterrá-los. Agora ela pretende resgatar a caixinha. Está tão concentrada em sua missão que nem enxerga os olhos atentos de Altamir.

> Tarânti, meu nego! Espia bem! A garota se abaixou, tirou uma pá da sacola e começou a cavar um buraco. Ih... Ela cava e descansa, cava e descansa, cava e descansa... Está sem fôlego. Agora desencavou um troço. Esse binóculo não tá me deixando ver direito... é uma coisa pequena, cabe na palma da mão. Que que é isso?! Uma caixinha? Agora está tentando desamarrar um cordão... e o galo está ajudando, ciscando em volta. Que dupla sinistra! Fala sério!!

Zara olha para a caixinha com grande expectativa e sente medo do que vai encontrar. Só ela e Jerê sabem do segredo da caixinha dos dentes de leite enterrados. Ao abrir, ela sofre uma grande decepção...

— Bem que eu não queria acreditar!!! Não tem droga nenhuma de presente aqui... Devo mesmo ser uma anta, muito anta! Como alguém esperaria que um bando de formigas identificasse os meus dentes, os levasse embora e, em troca, me trouxesse uma surpresa como recompensa? Coitados dos meus fósseis! Ficaram enterrados aqui, debaixo da chuva forte de ontem à tarde, do calorão que fez de manhã, do vento e talvez até do xixi de cachorro... Queridos dentes de leite, vou levar vocês para casa, tá? Quem sabe posso fazer um colar ou um par de brincos? Ou então posso fazer uma dentadura nova para a bisa Zira...

Zara recolhe a caixinha e caminha de volta para casa. Entra pela mesma janela que dá para a cozinha e vai até seu quarto. Desanimada, abre a gaveta preferida e confere seus besouros: 1 rola-bosta, 2 escaravelhos dourados, 11 joaninhas, 2 vaga-lumes. Confere também suas 4 carcaças de cigarras... Mas não é isso o que ela procura. Remexe mais um pouco, encontra o seu diário secreto e escreve:

31 de Julho

Oi, meu caderno companheiro dessa vida. Hoje estou sentindo muito tédio. T-é-d-i-o. Que férias chatas! Não há nada, nada, para fazer. O meu pai trabalha o dia todo, a minha mãe adora cultivar hortaliças e ficar cozinhando. Toda hora é come isso e mais isso, verduras e legumes e frutas e eu fico aqui largada, esperando o dia passar. Vou acabar virando uma baleia gorda e encalhada! Já tô enjoada de ver isso, verduras e legumes e frutas e eu fico aqui largada, esperando o dia passar. Vou acabar virando uma baleia gorda e encalhada! Já tô enjoada de ver tevê, li todas as revistinhas três vezes, não aguento mais desenhar. Que droga de vida!

Ainda por cima sou filha única. Se pelo menos tivesse um irmão, ou uma amiga que morasse nesse fim de mundo desértico! Devia ter uma lei que proibisse as crianças de ficar sem boas companhias... Minhas férias estão acabando e eu nada tive de interessante para escrever em suas folhas, meu querido diário. Tudo em branco. Eu estou sozinha, no fundo do mar, igual à sereia Ariel. Sinceramente, tô até com saudades da escola...

Zara chora baixinho. Nas férias passadas, ela teve a companhia da avó Zoraide, uma especialista em contar histórias. Histórias de arrepiar os pelos dos braços e da nuca. As prediletas de Zara eram "O príncipe dos olhos de vidro" (à noite, os olhos dele brilhavam e iluminavam tudo por onde passava) e "A árvore abraçadeira" (uma árvore gigantesca e centenária, com enormes galhos pendurados, que depois da meia-noite dava um abraço apertado nas crianças que passavam por perto e só as soltava se elas adivinhassem o enigma do dia). Nem se lembrar das histórias da vó Zoraide animou a menina. Triste em seu quarto, ela observa a manhã indo embora. Suas lágrimas, seu diário e sua gaveta secreta são suas únicas companhias.

Arac, irmãozinho, sobe aqui mais no alto onde eu tô! Prova esse araçá que tá demais... huuuuum! Tô vendo a garota. Parece que tá chorando. Meninas têm mania de chorar. Acho que nascem com esse defeito de fabricação. Minha prima Elvira é assim. Chora até o nariz ficar cor de tomate! Os olhos ficam inchados que nem um baiacu. Espia só o céu... Pior que tô sentindo cheiro de chuva. Ih! Olha lá do outro lado! É a minha mãe tirando roupa do varal. Sobe mais um galho, *brother*!

— Virgem Santíssima! Rosamaria, minha filha, vem cá, me ajuda a tirar as roupas do varal que aí vem chuva da grossa! Altamiiiiir! Altamir Lourenço de Barros! Se você não botar essa cara aqui agora nesse instante, vou entortar essas orelhas! Deve estar pendurado em alguma árvore, aposto! Parece fruta! ALTAMIIIIIIR!!! Ô menino que some! Vem pra casa!

Arac, meu rei, chega mais, vou te fazer uma confissão: às vezes eu tenho vergonha e medo da minha mãe. Ela grita cada coisa, faz cada cara brava de dar arrepio. Depois de uns minutos, ela muda, fica calminha, me trata com carinho, faz cafuné e tudo.

— Cadê você, meu filho?! Tá quase na hora do almoço!

> Sabe Arac, dá vontade de dizer: "Pô, mãe, escolhe qual o jeito que você é, senão vai me confundir as ideias. Um dia desses, posso até ficar meio biruta, lelé ou doidão." Falando nisso, vamos pra casa, meu companheiro! Chega de bancar o detetive por hoje! Tá na hora de encher o barrigão. Quer almoçar comigo? Vou raspar tanto o meu prato que vai ficar limpinho!

É meio-dia, também hora de almoço na casa de Zara. Da chaminé, sai uma fumaça cheirosa. Parece de comida gostosa. Seu Zacarias vem chegando com o trator a todo vapor. Ele adora cantar ópera enquanto dirige e por isso ganhou o apelido de "o barbeiro de Sevilha". O título foi conquistado não tanto pela voz alta e forte, que se escuta a distância. Na verdade, seu Zacarias é famoso também por ser muito distraído e barbeiro ao volante. Certa vez, Zara esperou por uma carona de trator por mais de duas horas. Já estava aflita quando o pai apareceu cantando: "Oh, Fígaroooooo, Fígaroooo, Fígaro, Fígarooooooo!!!"

— Poxa vida, pai! Tô encalhada te esperando aqui há muito tempo!!!

— Me desculpe, Zarita. Eu também estava encalhado. Peguei uma tremenda boiada de engarrafamento.

— Aliás, pai, *pelamordedeus*! Não me mata de vergonha cantando assim por aí! Vou te dar de presente um microfone, mas é pra você cantar bem alto dentro do banheiro! Assim você canta só em casa, que é melhor!

Passa o dia, passa a tarde e chega a noite. Antes de dormir, Zara cumpre o mesmo ritual: liga o som e coloca música num volume baixinho. Ela é do tipo de pessoa que só consegue dormir ouvindo música. Quem passa pelo seu quarto, sempre escuta alguma melodia. Nessa noite, seu sono está agitado, parecendo pesadelo. Zara sonha com uma enorme trilha de formigas cabeçudas. Elas estão no jardim e marcham em direção à horta de sua mãe. Como se fossem um exército, uma formiga-chefe, bem feia, vai à frente carregando um dente. Zara aparece vestida de índia, com mochila nas costas e dirige-se à chefe. A formigona faz cara brava. Quando olha para o lado, vê Jeremias amarrado e amordaçado, próximo a uma fogueira. A formiga, furiosa, larga o dente, prepara o ferrão e fura com capricho o dedão do pé da Zara.

— Aaaiiiiiiiiiiiii!

Ela acorda assustada. Fim do pesadelo.

— Cruz-credo! Nossa senhora! Que sonho doido!

Zara acende o abajur e aumenta o volume do rádio:

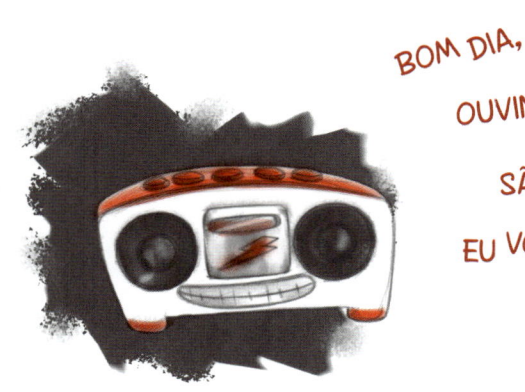

BOM DIA, OUVINTES DA RÁDIO AURORA. SÃO SEIS HORAS DA MATINA E EU VOU TOCAR PARA VOCÊS "PASSAREDO", DE CHICO BUARQUE DE HOLLANDA.

Pintassilgo, sabiá, urubu... pássaros.

Trovões, relâmpagos, ventos, raios... fenômenos naturais.

Sustos, surpresas, curiosidades... fenômenos especiais.

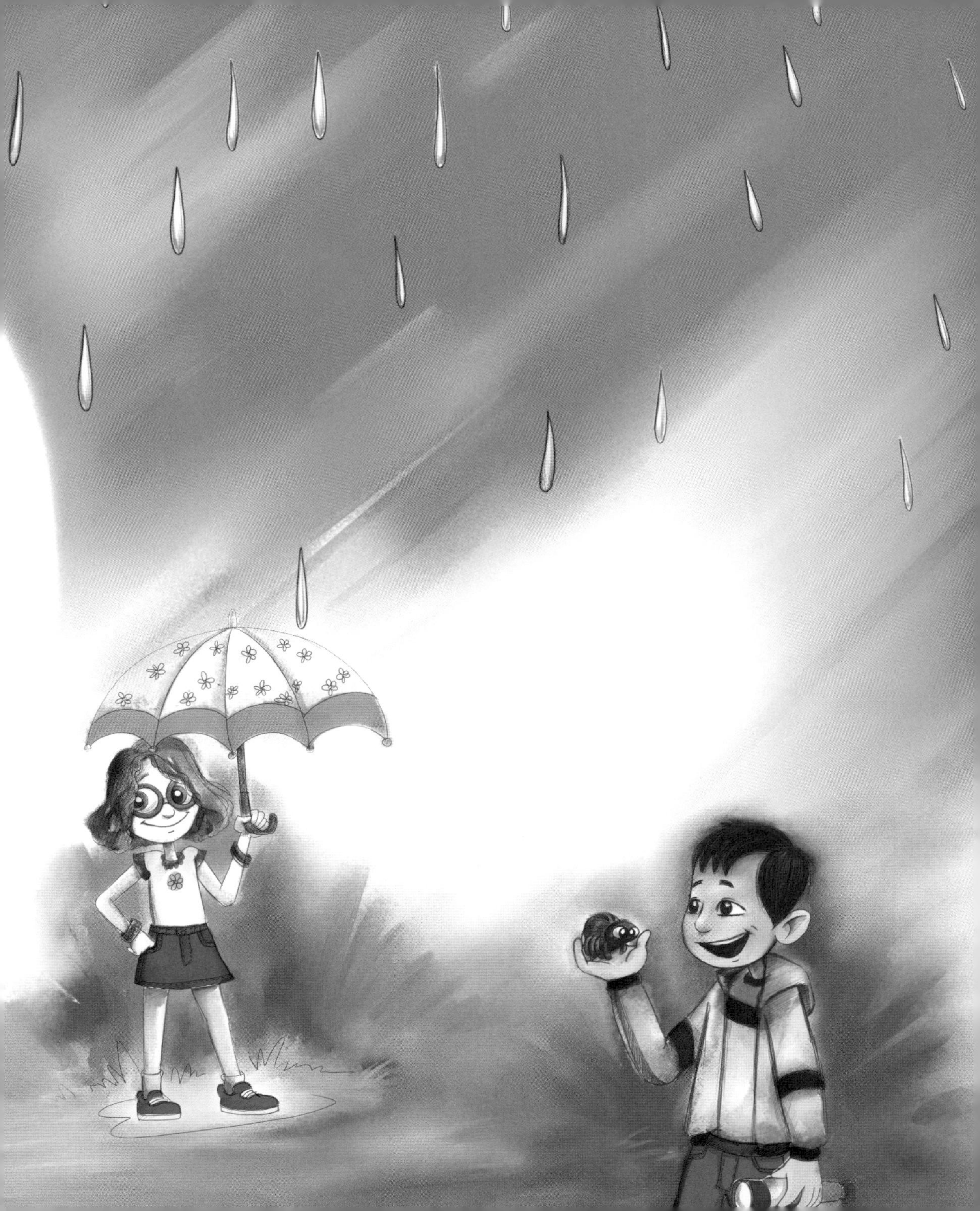

Um trovão retumba sobre a Fazenda Verdenburgo. Rápidos clarões enfeitam o céu e iluminam o quarto e o rosto de Zara. Ela abre a janela. Pingos da chuva forte começam a cair. Batem primeiro nas folhas das árvores, depois escorregam e vão deitar na grama. Molham as telhas da casa, a cerca, os degraus da varanda e o esconderijo dos fósseis, onde agora há só um buraco vazio destinado a virar bebedouro para pássaros. Zara aprecia o caminho das águas. Ela se debruça sobre a janela e deixa os pingos lavarem seu rosto. Com a ponta da língua, experimenta o gosto da chuva. Está assim, distraída, quando de repente escuta uma voz:

— Oi!

Ela abre bem os olhos.

— Ai! Quem é você?

— Eu sou o Altamir, seu vizinho.

— Que susto, garoto! O que você tá fazendo aqui na minha janela?

— Tô escondido da minha mãe. Eu adoro ficar ensopado na chuva e ela fica brava comigo...

— Eu, hein... nem sabia que tinha outra criança na fazenda. Ah! Você veio dentro daquele caminhão de mudanças. Sua casa é atrás da minha?

— É sim. A minha mãe veio trabalhar aqui na fazenda. Ela se aborreceu com o meu pai e aí pegou a mesa, a televisão, as camas, as panelas e a mim, e enfiou tudo naquele caminhão. Vim parar aqui, debaixo da sua janela.

— Ahn... e o seu pai? Agora vocês estão longe um do outro.

— É sim. Mas eu vou escrever uma carta pra ele e esperar ele escrever uma carta para mim. E aí então...

— Você fala rápido, né? É meio agitado, estou percebendo. Além disso, é curioso e misterioso.

— Tá captando bem, garota! Você não imagina como é bom ficar ensopado. Eu ainda faço mais: pego terra fresquinha e passo no corpo todo, pra ficar parecendo uma estátua de barro, tipo uma escultura de lama movente. Tá captando o espírito da coisa?

Zara acha graça do seu novo vizinho e pede para ele contar mais. Altamir, que adora uma prosa, sai falando...

— Então, aí eu corro pra casa de alguém, toco a campainha e fico paralisado, duro que nem pedra. É legal porque todo mundo que abre a porta solta um grito. Principalmente se for elemento feminino!

— Que que você quer dizer? Que as mulheres gritam à toa?

— Nunca notou essa característica?

— Minha mãe às vezes grita.

— A minha grita bastante!

— Deixa pra lá, menino. Conta mais sobre a brincadeira de estátua movente!

— E aí que, depois que eu estou cheio de lama, eu saio correndo pela chuva e ela me lava. É a melhor brincadeira que tem pra se fazer aqui. Vamos?

— Eu não posso, garoto.

— Por quê?

— Eu sou asmática.

— Não sei o que é isso. É coisa ruim?

— É coisa chata. Quando o tempo muda, eu pioro. Se eu ficar na chuva, começo a tossir, tossir, tossir, sem parar.

Altamir olha concentrado para Zara e procura lembrar-se de algum problema particular.

— Lembrei: eu também tenho uma coisa chata!

— Qual?

— Não tá dando pra ver?

— Deixa eu ver... você é muito magro!

— Não é isso. Olha bem pra mim.

— Seu problema é que você só tira nota baixa na escola?

— Ai, que garota burra!

— Burro é você, garoto!

— Não percebeu que tenho orelhas de abano? Veja, eu consigo fazer a da direita se mexer.

Zara solta uma gargalhada.

— É mesmo! Mas isso não é doença.

— Sente o problema: é muito chato. Todo mundo cochicha, zoa ou ri, que nem você fez agora.

— Foi sem querer, tá? Eu ri porque você é engraçado.

— Ontem você tava chorando, não é?

— Como é que você sabe?

— Eu vi pelo binóculo.

— Você é espião?

— Dos melhores.

Após revelar sua alma de detetive, Altamir desce da árvore e sai em disparada. Zara observa de sua janela o vizinho saltitar pela chuva e dar rodopios no ar. Ela nunca tomou um banho de chuva em dez anos de vida. Vai até o quarto, pega o guarda-chuva, a mochila e corre atrás de Altamir.

— Ei! Garoto! Pra onde você está indo?

— Vou subir o morrão. Você acredita em gnomos? Ouvi dizer que são espíritos de pequena estatura. Vamos procurar alguns?

— Me espera, eu vou sim!

Os dois atravessam uma ponte e passam para a outra margem do rio. Altamir segue na frente, com os braços abertos feito um pássaro. Zara faz igual, tenta parecer uma passarinha. Ela escala o morro devagar, preocupada com a visão de sua casa, cada vez mais distante. Quando se sente cansada, para.

— Al-ta-miiir!!! Tô sem fôlego!

Sua voz não alcança o amigo e ela repara nas pegadas que deixou para trás. Lá do alto, Altamir também procura por Zara.

— Zara! Cadê você?

Ele olha para o lado e vê o seu fiel companheiro, todo molhado de chuva.

> Arac, meu chapa, você tá ensopado! Não fica mal-humorado não. Quando a gente chegar em casa, pego o secador de cabelo da minha mãe e mando uma boa baforada em você. Depois vou te escovar todo. Fica frio. Cê vai ficar lindão de novo! Posso passar um creme hidratante também. E um pouco do perfume que minha mãe mais gosta...

Altamir se encosta num pé de jambo e aproveita para saborear um fruto bem vermelhão. Quando termina, arremessa o caroço para trás, sem olhar.

— Aaiiiiii!

Era Zara, vindo em sua direção, esfregando a testa. Em segundos, o rosto da Zara troca a expressão de dor para susto:

— Altamir, cuidado! Não se mexa! Estátua! Tem um bicho estranho andando no seu cabelo, bem no alto da sua cabeça.

— Olha, piolho não é, porque ontem a minha mãe passou pente-fino e vinagre com limão na minha cabeça!

— Caramba, tira logo! Parece uma aranha... ai, que medo!

— Ah! Você tá falando desse aqui? Não, esse bicho é muito mais que um bicho! Deixa eu fazer as apresentações: Zara, esse é Arac, minha aranha de estimação e também amigo e secretário para investigações especiais. Arac, meu filho, essa é aquela garota que a gente tava espionando, lembra?

— Credo, você tem uma aranha de estimação?

— Ué, tem gente que escolhe aranha, já outras pessoas escolhem galos vermelhos. Arac é o meu fiel escudeiro. Aonde eu vou, ele vai. Que nem Dom Quixote e Sancho Pança, que nem Zorro e o Sargento Garcia, que nem Fred e Barney... Pronto, agora vocês já se conhecem.

A chuva diminui. Altamir e Zara continuam a subir o morro. Passam voando pintassilgos, papagaios, engole-ventos e sabiás. Em meio a essa revoada, aparece um bicho-preguiça com o filhote agarrado no cangote. Zara fica impressionada. Acha graça. Altamir diz para ela não chegar perto porque o bicho é devagar, mas é muito bravo. Ela pensa: apesar de morar em fazenda, é a primeira vez que ela encontra uma preguiça assim de perto.

Finalmente chegam ao cume do morro. Lá de cima, a casa do Altamir parece uma miniatura. A casa da Zara também está pequenina, vista assim de longe. O canavial do outro lado do rio balança de um lado para outro, deixando o vento fazer a festa. Faz calor. No céu, é visível um risco de giz branco deixado por um avião que passou. Mundo vasto. Silêncio grande.

Na fazenda Verdenburgo, existem lugares que pouca gente conhece. Perto de onde estão os dois, logo atrás de uma enorme amendoeira, há uma gruta muito antiga. O antigo proprietário contou à dona Zilda, que contou ao seu Zacarias, a história da gruta. Fica no altão do morro e só algumas pessoas ousaram enfrentar as criaturas estranhas, seus sons guturais e a escuridão apavorante. Diz a lenda que quem entrou nunca mais saiu...

Mas voltemos à aventura.

Altamir e Zara espiam, por trás da grande amendoeira, o buraco de entrada da gruta. Altamir está feito uma estátua, paradão. Do bolso dele, surge a carinha de Arac, que põe duas perninhas para fora e arregala os olhos. Zara faz cafuné. Olha distraída para o céu e descobre um ninho no galho mais escondido da árvore. Uma revoada de maritacas verde-bandeira passa em alta velocidade, tirando um fino da amendoeira. O vento agitado das asas derruba o ninho. Aflita, Zara corre e o recolhe com cuidado, como se segurasse um bebê no colo. Verifica cada um dos ovos. Suspira aliviada: nenhum dos três se quebrou.

Quando volta, Altamir não está mais lá. Chama por ele. Nada. Nada de novo. Ela fica olhando a entrada da gruta por algum tempo.

Como se estivesse encantada, resolve entrar. Assim, sem mais.

3

Medo,
　　medroso.

　　　　　　Coragem,
　　　　　　　　corajoso.

Mistério,

misterioso.

Há situações na vida em que sentimos medo. Às vezes nem sabemos de quê. Trata-se de medo puro. Passamos a considerar cada barulho, cada ventinho, cada vislumbre. Alguns sentimentos nos paralisam e nos fazem imaginar os mais terríveis perigos. Trememos da cabeça aos pés. O coração acelera e quando tentamos pedir por socorro, sai só um fiozinho de voz assim:

Socorro

Às vezes nem isso. A voz fica escondida dentro do medo.

Esse medo Zara está sentindo agora que entra na gruta. Foi decisão rápida, ditada pela curiosidade. Quando percebeu, estava dentro. Antes de vir para a fazenda Verdenburgo, Zara morava numa cidade parecida com São Paulo. Lá ela tinha alguns amigos, e a "gruta" onde eles se encontravam para conversar e se divertir era o shopping-center. Na verdade, um shopping parece uma caverna só que muito bem-equipada, com luzes em toda parte, música nos corredores, milhares de vitrines, cores diversas, anúncios de produtos para se comprar, e muitas, muitas pessoas, andando para lá e para cá. Mas bem diferente de um shopping, uma gruta é misteriosa e assustadora. É nisso que Zara está pensando agora: no silêncio misterioso.

Quando uma pessoa sente que há um mistério no ar, isso pode tanto chamar o medo, quanto chamar a coragem. Zara sentia as duas coisas ao mesmo tempo dentro da caverna. Ela respira fundo. Pensa no que fazer.

Segundos depois, Zara decide que a coragem vai superar o medo. Então, continua a caminhar, escutando as batidas do próprio coração. O grito de uma graúna a obriga a se abaixar de susto, mas mesmo assim não desiste de seguir. Ela usa toda a força dos pulmões para chamar o menino.

— ALTAMIR!!! Cadê você, criatura?

Nada de nada. O único evento que sucede ao grito é uma revoada sinistra de pássaros.

flap flap flap

Para passar pelo corredor de entrada da gruta, é preciso andar bem abaixada, rastejando feito lagarto em terra seca. O movimento levanta poeira e Zara espirra diversas vezes. Com as mãos, vai retirando as grudentas teias de aranha que encontra pelo caminho até o espaço ficar maior e ela poder ficar de pé.

Zara pensa no rosto da sua mãe, no seu pai chegando do trabalho, em Jerê bicando a porta do seu quarto, procurando por ela... Sente saudade misturada com frio na barriga. Começa a suar e, para se acalmar, cantarola músicas-para-horas-difíceis:

— "Sabiá lá na gaiola fez um buraquinho, voou, voou, voou, voou, e a menina que gostava tanto do bichinho, chorou, chorou, chorou, chorou..." Credo, preciso cantar algo mais animado! Quando a gente está medrosa, só vem pensamento difícil na cabeça. Ui! Mas que lugar estranho é esse? Parece uma sala do silêncio.

A menina pisa devagar no chão da gruta. Há um incessante pingar de goteira vindo lá do fundo. Escurece um pouco. Zara aproxima-se daquele som. A gruta por dentro é alta e iluminada por raios de luz que entram pelas muitas frestas da grande pedra. É bonita.

Não sei se você sabe que Zara está usando um par de tênis à prova de impacto e de chulé. Só o Jerê e Dona Zilda conhecem este pequeno segredo: o chulé de verão. Quando Zara chega da escola e tira os tênis dos pés, quem está perto não consegue nem respirar. De uns tempos para cá, o chulé desapareceu. É verdade que, por coincidência, no banho, ela anda esfregando os pés com mais força e, agora sim, com muito sabão!

Mas chega de prosa e vamos voltar à aventura...

O chão da gruta está molengo e gosmento. O tênis, todo coberto por uma camada de falso chocolate, é lama pura. Zara sente um pouco de nojo, mas não pensa em desistir da sua pesquisa científica. Ela segue caminhando pelas beiradas do lago lamacento, tateando as paredes. O som de água pingadeira é bem nítido. Dá para a imaginação desenhar um barril cheio até a boca, derramando água, e mais gotas caindo dentro dele.

Zara usa as suas orelhas como radar.

— Se eu fosse um bicho nesta situação, eu ia preferir ser um morcego.

A gruta é bem maior do que ela pensava. Para seguir, ela passa por um caminho estreito e encontra uma outra sala enorme e mais escura. Ela imagina que seus olhos podiam ser pequenos faróis para iluminar o caminho e continua andando em meio à escuridão. De repente ela percebe duas luzinhas piscando. Três. Não, agora são mais de seis. Vaga-lumes sobrevoam sua cabeça e passam à sua frente. Ela corre atrás. Eles voltam a sobrevoar a cabeça dela, formando uma coroa. Zara acha o máximo e tenta pegar um dos vaga-lumes. Eles voam para o fundo da gruta e desaparecem.

Zara comenta em voz alta:

— Adorei estes bichinhos. Eu gostaria que eles morassem lá em casa. Assim quando eu levantasse à noite para ir ao banheiro, nem precisaria da minha lanterna.

Depois de correr atrás dos vaga-lumes, ela para e senta-se num canto. Zara sente fome. E sede também. Finalmente enxerga, num canto da gruta, uma nascente de água bem transparente e geladinha.

Era dali que vinha o barulhinho molhado. Bebe bastante água e aproveita para lavar as mãos e o rosto. Um ventinho fino passa pelo seu pescoço e por todo o seu corpo. Sensação de alívio. Vira-se para trás e assiste a um pequeno espetáculo: Sinfonia n.º 4 para vaga-lumes, com orquestra de pingos e ventos, em Lá maior. Zara faz pose de maestro e com uma batuta invisível brinca de reger a "orquestra".

— Agora mais vibrante! *Allegro ma non troppo*! Vamos lá pessoal!

De repente, tudo começa a girar: luzinhas piscantes, escuridão, barriga vazia e uma vontade súbita de voltar correndo para casa. Zara está um pouco tonta e sussurra:

— Vou batizar este local de Sala da Noite.

Quando acaba de falar, ela escorrega e cai num lago. Zara solta um "ai" e escuta outros três "ais". Levanta-se rápido. Retira os óculos e fala "meu Deus" e escuta de volta três "eus".

A mochila dela cai na água e o barulho é repetido:

Chuá... Chuá... Chuá

Só agora ela percebe o efeito de um eco. Intrigada, pergunta alto:

— Quem está aí?

E escuta de volta:

...aí... aí... aí

Ela começa a se irritar:

— Quer parar de me imitar?

A resposta que chega é:

...tar... tar... tar...

Zara solta um longo suspiro. Seu coração bate acelerado. Está cansada. Observa ao redor procurando a saída da gruta. Enquanto isso, ela fala em voz alta:

— Olá!

... OLÁ ... OLÁ ... OLÁ ...

A curiosidade da menina aumenta e ela diz:

— Ô de casa!

ASA ... ASA ... ASA

Zara continua:

— Que engraçado! Eu nunca tinha encontrado o eco em pessoa!

soa))) soa))) soa

Faz frio na gruta e a menina cruza os braços para se aquecer. Ela gostaria de saber para onde foram os vaga-lumes e o Altamir. Também não faz ideia de que horas são. Resolve perguntar:

— Que horas são, por favor?

VOR))) VOR))) VOR)))

— Meu filho, presta atenção, quero saber as horas, ora bolas!

OLAS))) OLAS))) OLAS)))

Zara desiste de fazer contato e fala baixinho:

— Não adianta, é só um repeteco. Não serve para me ajudar. Aqui nesta gruta as palavras voam.

4

Língua, linguagem, linguarudo.

Esperanto, Latim, Grego, Italiano, Russo, Hebraico e Aramaico, Alemão, Catalão, Francês, Polonês, Japonês, Inglês, Javanês e Português.

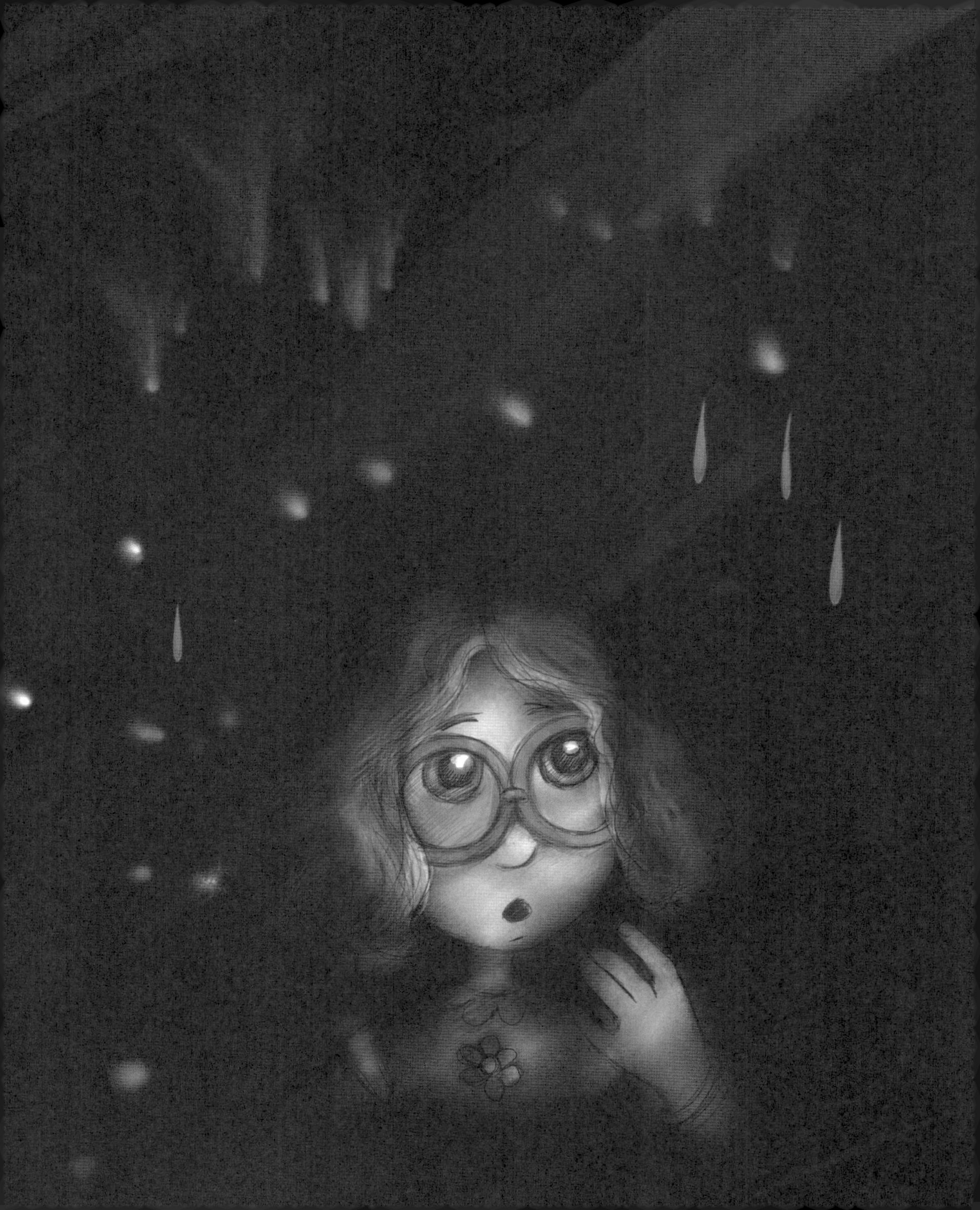

PENSE: ESTAR NUM LUGAR ESTRANHO COM LAMA, PINGOS, vaga-lumes e ecos, aguentar a escuridão chegando, e tudo isso sozinha, é demais para uma menina pequena. Mesmo se ela tiver 10 anos. Muito adulto também sentiria medo, com certeza. E depois, eco não serve como companhia. Parece com a nossa língua, mas não é. Fala qualquer idioma, mas não tem personalidade ou preocupação com o sentido das coisas. Por exemplo, se dentro dessa gruta você gritar "HELP!!!!", que é "socorro" em inglês, o eco responderá: "ELP ELP ELP". Ou seja, o eco é um fenômeno bumerangue, poliglota, de pouca criatividade. Toda palavra que recebe, ele devolve só o último pedaço. Para onde vão os começos das palavras, é um grande mistério. Algum detetive sério deveria investigar isso.

Voltemos para a nossa menina porque, nessa parte escura da gruta, ela começa a acreditar que o medo pode vencer a coragem...

— Manhêêê!!! Jerêêêêê!!! Quero vocês!!!! Pra que que eu fui seguir aquele menino? Agora estou encrencada!

De repente, do fundo da gruta, ela escuta uma voz rouca:

STRADIVÁRIUS MAGNÓLIUM! QUEM OUSA PENETRAR NO SILÊNCIO DAS ALMAS? FIQUE ONDE ESTÁ, ESTALAGMITE! QUEM AQUI ENTRA NUNCA MAIS SAI!

AI AI AI

Zara entra em estado de choque. Seu corpo inteiro treme, quando sente algo encostar-se em seus pés. Ainda bem que é a sua velha mochila, atolada de lama. Enquanto ela tenta enxergar quem está falando, a voz faz outra advertência:

> NÃO ADMITIMOS A ENTRADA DE INTRUSOS. NOSSO CULTO É SECRETO. VOCÊ ENTROU NA GRUTA DOS ESPÍRITOS E MERGULHOU NO LAGO DAS ALMAS, O QUE VEM A SER UMA OFENSA DEVERAS GRAVE!

AVE AVE AVE

A voz tosse, como quem está doente. Zara toma coragem e fala:

— Quem é você?

A voz responde:

> MEU NOME É HUM... HUM... BERTO. SOU UM *GNOMUS-NANICUS*, UM DOS POUCOS SOBREVIVENTES DA TRIBO *STALAKTÓS-GUANUMBIGUAÇU*. MORO DEBAIXO DA TERRA E NO MEIO DAS ÁRVORES. SEI TUDO SOBRE A NATUREZA. O FEITICEIRO-CHEFE ME ENCARREGOU DE VIGIAR ESTA GRUTA. ELA É ENCANTADA. FALANDO NISSO, Ó INTRUSA, VOCÊ TROUXE A OFERENDA?

DA DA DA

Zara nada sabia da tal oferenda:

— Que oferenda? Ninguém me falou nada disso...

> **PRESTE ATENÇÃO, A OFERENDA É PARA O NOSSO FEITICEIRO. QUEM QUISER CONSULTAR-SE COM ELE TEM QUE TRAZER UMA LÍNGUA DE LAGARTIXA.**

XA XA XA

Só de ouvir falar em lagartixa, Zara sentiu um arrepio.

— Eu nem chego perto de lagartixa! Quanto mais arrancar a língua dela. Cruzes! Não posso fazer isso.

> **PENA! ENTÃO TEREI QUE ME LIVRAR DE VOCÊ.**

OCE OCE OCE

A voz se cala e Zara está cada vez mais apavorada. Ajoelha-se. Disfarçadamente vai abrindo a mochila para pegar a lanterna rezando baixinho, como sua vó Zoraide ensinou.

— Santa Maria! Santa Aparecida! Santa Bárbara! Santa Margarida! Que santa que tem mais? Santa Clara! Todas as santas reunidas! Se eu sair viva daqui, vou fazer uma promessa e cumprir. Tipo: vou tomar banho todos os dias sem a minha mãe pedir! Não: promessa tem que ser difícil. Essa tá fácil. Já sei: vou deixar sempre o meu armário arrumadinho, camisetas numa pilha, livros na outra, brinquedos na gaveta. E também vou comer espinafre e até fazer cara de quem tá gostando!

Ela ouve passos se aproximando. Tem a sensação de ver um vulto passar por trás dela. Vira-se rápido e então o vulto salta no ar, mergulhando no lago. Ela escuta um barulho:

Chuá! Chuá! Chuá!

Zara acende a lanterna e tenta visualizar o ser que mergulhou no lago. De repente a voz reaparece:

FIQUE AÍ MESMO ONDE VOCÊ ESTÁ, INTRUSA! E ABAIXE A LUZ DESSA LANTERNA! NA NA NA

Nessas horas, com os nervos à flor da pele, somos capazes de nos lembrar de coisas que nem sabíamos que estavam registradas em nossa memória. Zara lembra-se de uma reportagem que mostrava uma antropóloga se aproximando de uma tribo aborígine e estabelecendo com eles um contato. Ela recordou-se da forma como a moça falava. Era com muita calma. Então ela dirige-se à voz da gruta de um jeitinho especial, falando bem devagar e baixo:

— Moço, se o senhor me levar até a saída, eu juro que nunca mais eu volto aqui, nem conto pra ninguém que essa gruta existe! Combinado?

A voz ri e diz:

VOU COMEÇAR A CERIMÔNIA.
Ó *PERIGRUS TUMBALUM!* POR SUA CULPA A GRUTA VAI COMEÇAR A DESMORONAR ANTES DO ANOITECER. PARA EVITAR ESSA CATÁSTROFE, PRECISO ARRANCAR OS SEUS OLHOS, EMBRULHÁ-LOS EM TEIAS DE ARANHA, DEPOIS JOGAR TUDO NO MEIO DO LAGO E CUSPIR TRÊS VEZES. SE TUDO AFUNDAR, É PORQUE O FEITIÇO DEU CERTO. TO TO TO

Nesta altura do campeonato, Zara já sente alguma intimidade com o gnomo e vai dizendo:

— Que isso, meu filho? Que isso? Meus olhos? Boiando no meio do lago com cuspe? Que nojento! Não gostei! Pode pensar em outro tipo de feitiço!

ESTE É O SACRIFÍCIO QUE OS DEUSES PEDEM. E EU, *ESTALACTITE MINERALE*, SEU SERVO, VOU DAR PROSSEGUIMENTO À CERIMÔNIA. *ESPIRITUM TUM! ARRANCANDUM OLHUM, SALVAREMUM GRUTAM!* APROXIME-SE PEQUENA CRIATURA: É CHEGADA A SUA HORA!

RA RA RA

Zara entra em pânico e grita por socorro mais uma vez:

— Alguém me ajuuude!!! Socorro!! *Help!*

Dessa vez, Zara nem escuta o eco responder. Ela tenta fugir, mas tudo começa a girar novamente, ela vai ficando tonta, tonta, tonta e desmaia. Silêncio e mistério no ar.

O misterioso ser da gruta aproxima-se. Ele está coberto de lama, feito uma estátua movente. Do ombro direito de Zara, um bichinho de oito patas e olhar inatingível pula para a sua testa e começa a andar de uma sobrancelha para outra, tentando acordar a menina. Altamir tira a lama do rosto e sacode Zara.

— Ei, garota! Sou eu, o Altamir. Zara... acorda! Era tudo brincadeira! Eu só queria te dar um susto. Iiiicchhh!!! Acho que exagerei.

Arac olha para o dono com cara de preocupação.

Zara nem se mexe e Altamir sente os nervos. Enquanto isso, Arac usa de toda a sua força para tentar levantar uma das pálpebras da menina. Altamir joga água gelada no rosto dela. Arac esconde-se atrás da orelha de Zara. De repente, ela abre os olhos e fica feliz em ver o amigo:

— Altamir! Você está aqui... Agora vou ter que cumprir a promessa e comer espinafre fazendo cara de felicidade! Eca!

— Pois é, ainda bem que você acordou.

Zara ainda está preocupada com o feiticeiro da gruta.

— Shhhiii!!! Fica quieto, Altamir! Vamos saindo de fininho antes que o gnomo chegue.

Altamir está um pouco arrependido do susto que deu na menina e tenta se explicar.

— Escuta, ele sou eu...

Zara não capta a mensagem e briga com ele.

— Shhhhhhhhiii!!!!!!!! Você quer ficar sem olho também?

Altamir insiste:

— Me escuta, criatura! Chega de shhhiii!!! Você ainda não sabe quem é ele, Ó INTRUSA? Não tá reconhecendo a minha voz?

Zara desacelera e mira Altamir bem dentro dos olhos. Ele percebe que o rosto dela começa a ficar avermelhado, os olhos esbugalhados e as orelhas quase soltam fumaça. Arac anda de um lado para outro na testa do seu dono, bem em cima da ruga de preocupação. Altamir desabafa:

— Arac, meu *brother*, acho que eu me meti numa enrascada. Ou ela já percebeu tudo ou o desmaio deixou ela meio zonza. De agora em diante vou chamar ela de Zara Zureta!!!

Zara está enfurecida:

— Zara Zureta sabe quem é? É a sua tetravó! Agora tô entendendo, era você, né? Isso não se faz, Altamir! Não achei a menor graça, muito pelo contrário! Que ridículo esse *gnomus-nanicus*. Bem que aquela geleca com teia de aranha e cuspe era suspeita. Achei meio estranho aquele feiticeiro! E você também, seu amigo de araque!

Arac se esconde em uma casca de banana. Altamir tenta se defender.

— Eu não sabia que você ia acreditar em tudo. Eu hein, que pessoa imaginativa!

— Eu, hein, o quê? Quando foi que você entrou na gruta?

— Eu já estava aqui dentro quando você entrou. Corri pra cá e fiquei te esperando. Bolei tudo na hora, gostou? Criei esse personagem especialmente para você.

Zara cruza os braços e fica muda. Altamir tenta pedir desculpas. Ela não aceita.

— Tá legal. Se vai ficar esse silêncio surdo e mudo aqui então eu já vou "mimbora". Tchau!

Altamir vira as costas e sai.

— Já vai tarde, seu falso estalactite... eu estou muito, muito, muito zangada com você. É uma pena porque esta amizade havia acabado de começar e parecia que ia ser boa!

A situação ficou empacada. O problema é que uma das características marcantes desta menina é que ela é extremamente orgulhosa. E orgulho é um sentimento que atrapalha a vida da Zara.

Por acaso você sente muito orgulho? Veja bem... uma coisa é sentir orgulho de si mesmo, gostar da pessoa que você é, das coisas bacanas que você faz. Isso é básico. Do bem. Outra coisa é ser uma pessoa difícil, que não escuta o que os outros querem dizer.

Por exemplo, Zara às vezes não aceita pedidos de desculpas, não sabe ficar de bem rápido. O orgulho faz com que ela demore a relaxar. E ainda por cima também é um pouco nervosa. Quando então junta tudo, orgulho, nervosismo, asma e chulé, sai de baixo!

Ela deu sorte no dia de hoje, Altamir está voltando... mas cuidado: ele está furioso!

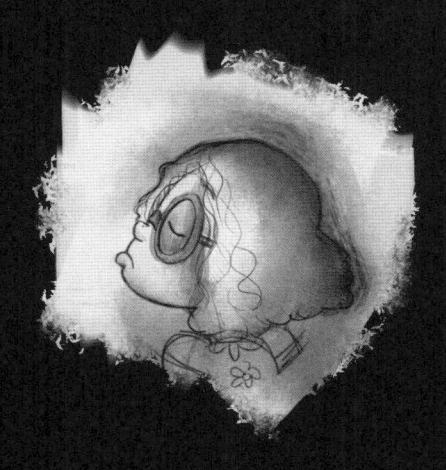

5

A orgulhosa e o furioso.

Temperamentos,

sentimentos,

emoções.

somos
Do que capazes
(e sabemos).

Do que
capazes
somos
(e não sabemos).

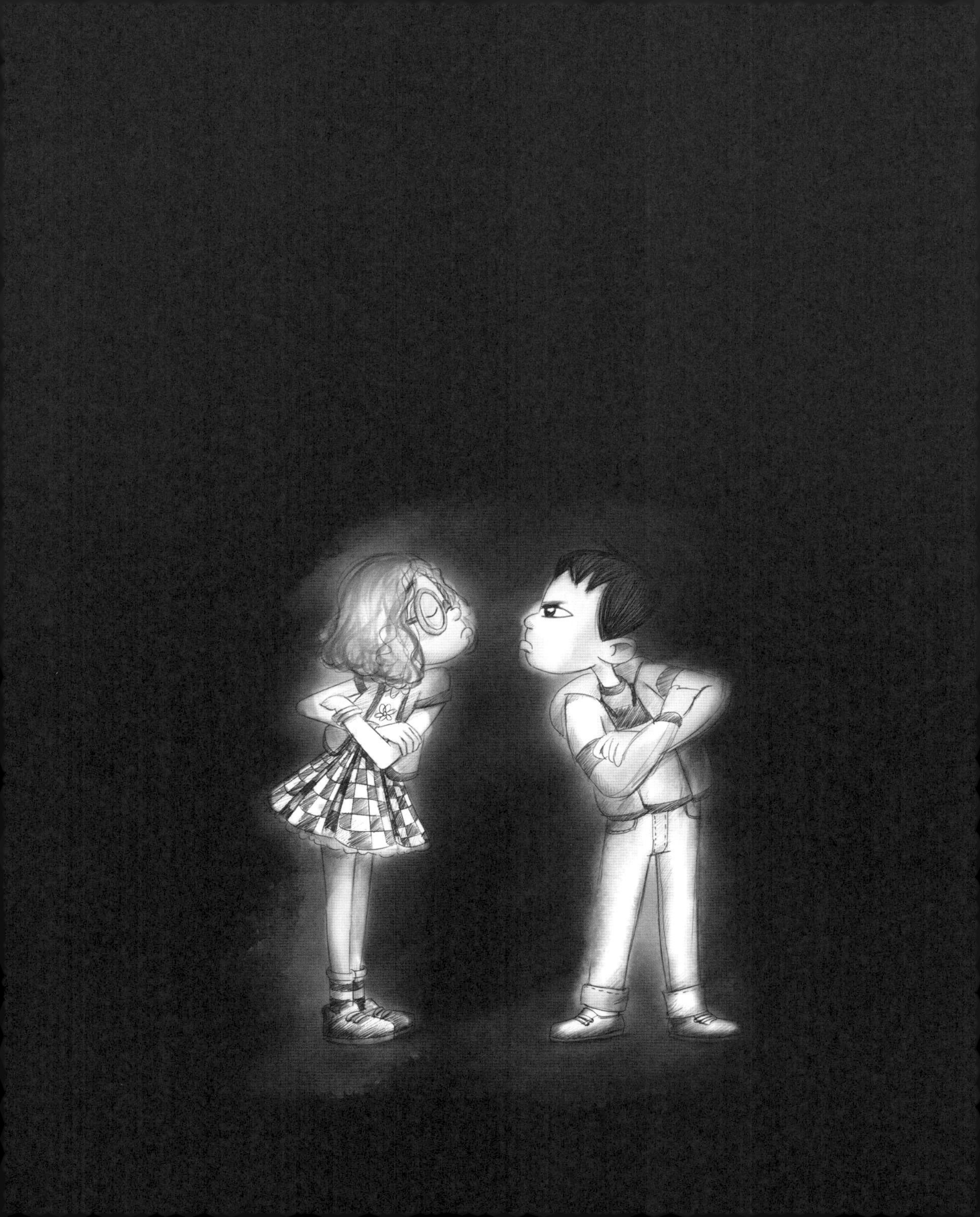

ALTAMIR VEM PISANDO RÁPIDO E FORTE. ZARA continua imóvel, nariz tão empinado que parece que o pescoço vai quebrar e a cabeça, rolar para trás. Do cantinho do olho, ela espia para ver a cara dele. Ele chega perto e reclama:

— Vai ficar aí zangada com essa tromba de elefante até quando? Que garota marrenta!

Ela respira aliviada ao rever o amigo, mas não dá o braço a torcer.

— Se eu tenho tromba de elefante, você tem orelhas de elefante...

Altamir responde à provocação:

— Ah é? E os quatro olhos de jacaré que você tem?

— Olha aqui, garoto, não fale mais comigo, ok? Não gosto de gente que se diverte à custa dos outros. Nem te conheço direito!

— Só porque eu fiz a brincadeira do gnomo? Só faltava você ser do tipo mal-humorada! E é esquisita também. Faz escavações de madrugada, coleciona besouros e tem um diário secreto. Tô ligado, viu?

— Meu filho, menino, garoto, olha aqui, quem fica ligado é rádio e geladeira, ouviu?

Os dois de braços cruzados. Uma dupla de caubóis, um de frente para o outro, zangados.

Arac assiste a essa cena por detrás da orelha do Altamir. Resolve fazer alguma coisa. Pega o seu capacete (uma casca de jabuticaba), amarra na cabeça e começa a tecer um fio. Quando já está bem comprido, vai descendo se pendurando igual a um alpinista até chegar na camiseta do seu dono. Dali, dá mais um salto triplo e segue em direção ao botão do vestido da Zara. Consegue realizar esta difícil operação e vai enrolando os dois amigos nos fios da teia. Quando termina, está arfante e suado. Abraça o seu capacete e descansa no ombro de Zara. Ela sente uma coceirinha e descobre a aranha:

— Primeira vez na minha vida que sinto carinho por uma aranha. Que coisinha fofa!

Arac faz cara de quem gostou de ouvir o elogio. Altamir aproveita que ela se acalmou e puxa assunto.

— Vamos sair daqui? A fome está me atacando o *estrômbago*!

6

Papos, conversas
 e divagações.

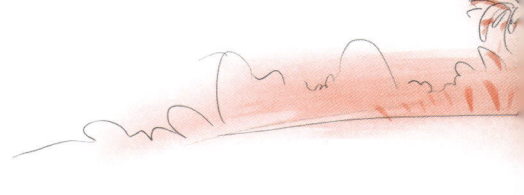

Apetite, paladares
 e predileções.

Doce, amargo,
 azedo e salgado.

Saudades de casa
 e beijo estalado.

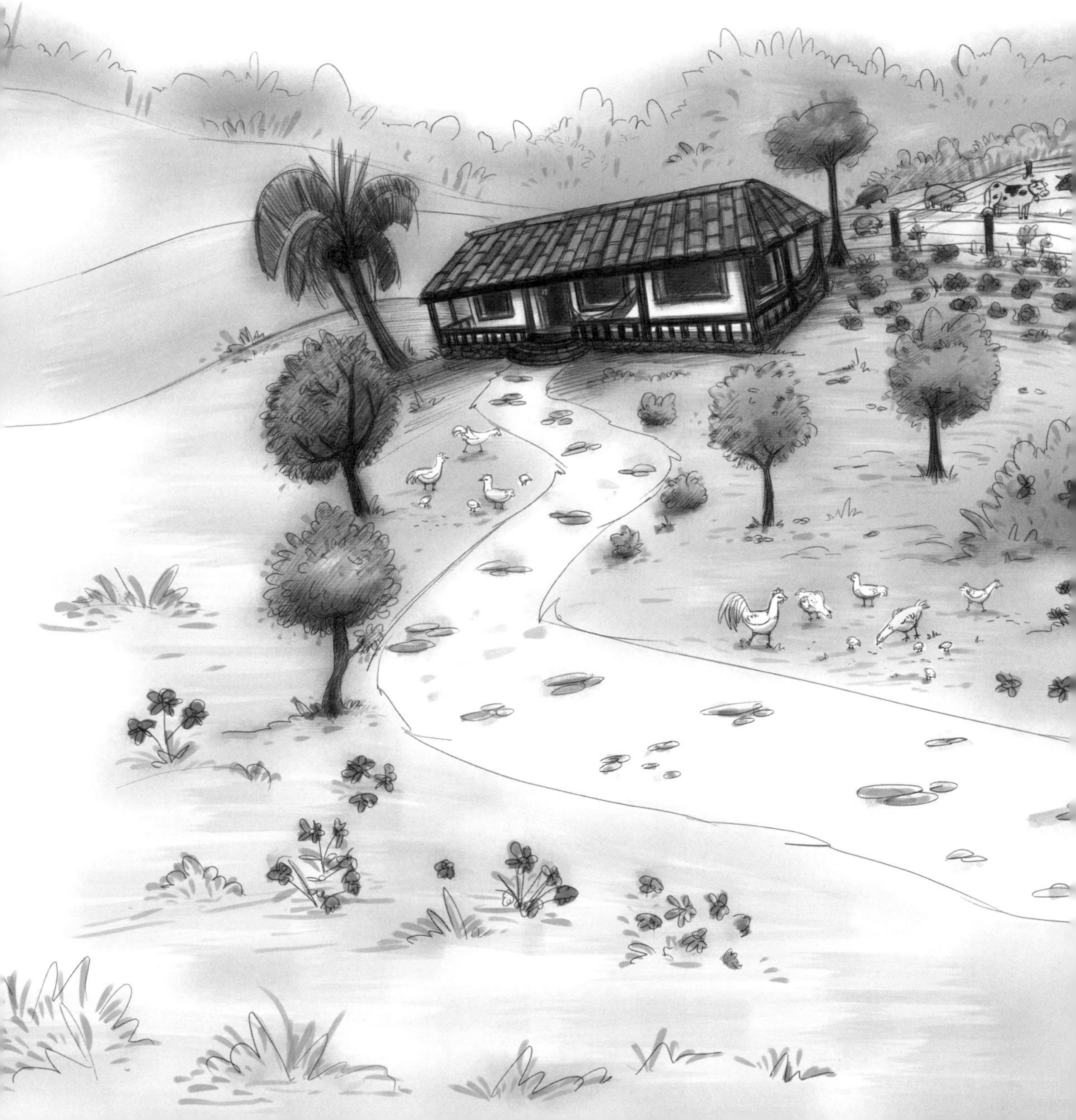

Zara está mais tranquila. Até sente vontade de desculpar o novo amigo. Ela olha lá para baixo do morro e vê, com uma inesperada felicidade, o telhado de sua casa.

— Altamir, eu também estou faminta! Olha a fumacinha que está saindo da chaminé lá de casa. Minha mãe deve estar fazendo alguma delícia deliciosa!

Os dois começam a descer o morro e, para distrair a fome, eles conversam sobre suas comidas favoritas. Altamir é o primeiro a falar, claro.

— Sabe o que eu comeria agora? Um bife a cavalo.

— Bife a cavalo? Como é isso?

— Um bife macio com um ovo frito montado em cima dele. Posso imaginar meu prato ideal? É assim: o bife a cavalo, um morrinho de farofa ao lado, um morrão de arroz do outro, um lago de feijão, duas pilhas gigantes de batatas fritas, tudo isso cercado por rodelas de rabanete. Só de imaginar já estou com água na boca.

Zara acha graça no jeito do Altamir dizer as coisas. Ela pensa no que mais gostaria de comer neste instante.

— Altamir, sabe o que eu mais gosto de sobremesa? Brigadeiro com biscoitos de maisena, sorvete de manga, ou então goiaba puxa-puxa.

Os dois andam mais apressados. Altamir está curioso para conhecer Zara melhor.

— Zureta, você quer ser o que quando crescer?

— Vou ser aeromoça. Ou então manicure. Ou então veterinária. E você?

— Sei não. Tenho alma de detetive, mas o meu pai acha que eu devo ser dentista. Deus que me livre ficar sentindo o bafo de todo mundo! Falando em bafo, ouvi dizer que os crocodilos são diferentes dos jacarés porque quando eles fecham o bocão, um dente sempre fica pra fora.

— Altamir, como você sabe essas coisas? Eu aprendo muitas coisas conversando com você... bem... desculpa aí quando falei da sua orelha lá na gruta, tá?

— Tudo bem, Ó INTRUSA! Te deixei mais zureta, não foi?

— Engraçadinho...

— Mudando de assunto, ouvi dizer que você tem mania de ouvir música...

— Ouvi dizer, nada, meu camarada! Você estava espionando a minha vida e descobriu isso. Eu adoro música e adoro ler histórias interessantes.

— Eu também adoro histórias!

Zara ri muito enquanto Altamir fala sem parar.

— Sabia que sol com chuva dá casamento de viúva? Sabia que trovão é o barulho de São Pedro arrastando móveis no céu? Um amigo meu fala que trovão é pum de São Pedro!

— Altamir, você é hilário! Olha, pega aqui o Arac porque ele só vai acordar amanhã. Deve estar exausto, coitado.

Pronto. Finalmente chegam em frente à casa de Zara. Lá, ela tasca um beijo estalado na bochecha do amigo. Altamir arregala os olhos e vai embora pulando e gritando. Ela abre o portão de casa e é avistada por Jerê, que vem batendo as asas em disparada. Na varanda estão o pai e a mãe dela.

— Oi, Jerê! Como vai você, meu *brother*?! Tá lindão, hein? Que que você fez? Escova progressiva? E aí, mãe, preparou o que de jantar? Adoro quando você cozinha. Oi, pai, tudo maneiro? Tá com cara de cansado. Vai dar uma relaxadinha! Aí, galera, desculpa porque eu demorei, tá? Tô ensopada assim porque fui viver uma aventura por aí. Pode deixar que já venho pra mesa, nem precisa me chamar! Mãe, tô louca pra comer espinafre!

Seu Zacarias, dona Zilda e Jeremias ficaram estatelados na varanda. Zara está diferente. Eles nem deram bronca porque foram surpreendidos pelo bom humor e pela alegria com que ela voltou.

Dona Zilda comenta:

— Engraçado, Zara está falando de um jeito diferente. E ainda disse que vai comer espinafre!

Seu Zacarias retruca:

— Aqui na fazenda há muito oxigênio, Zilda. Isso faz bem às pessoas. Eu, por exemplo, tenho cantado com mais volume, quer escutar?

— Vai treinando um pouquinho que eu já volto, meu querido. Vou ver o jantar, tá?

No quarto, Zara pega o seu diário e escreve:

meu galo Jeremias
Jerê

Diário, meu querido, hoje foi o dia mais feliz da minha vida! Tomei um banho de chuva, explorei uma gruta secreta e arranjei um amigo. O nome dele é Altamir. Ele é meu vizinho e é muito engraçado. Ele fala sem parar e tem orelhas de abano. Mas eu não ligo. Ele é lindo! Amanhã é o último dia das férias e quero aproveitar bastante. Dei um beijo nele! Será que eu vou casar com ele? Diário, eu amo você, o Jerê, meus pais, a natureza e essa fazenda linda. Agora preciso jantar. Estou com muita fome!

Assinado: Zara Zureta

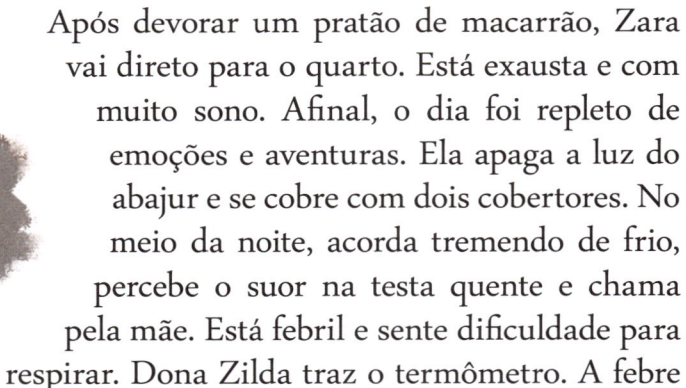

Após devorar um pratão de macarrão, Zara vai direto para o quarto. Está exausta e com muito sono. Afinal, o dia foi repleto de emoções e aventuras. Ela apaga a luz do abajur e se cobre com dois cobertores. No meio da noite, acorda tremendo de frio, percebe o suor na testa quente e chama pela mãe. Está febril e sente dificuldade para respirar. Dona Zilda traz o termômetro. A febre sobe muito rápido, até 41°, e Zara começa a falar coisas que a mãe não entende. Fala sobre uma tal Sala da Noite, um lugar onde mora o silêncio e pede por socorro. Dona Zilda dá a ela uma colher de xarope de ervas naturais. Zara fica de pé sobre a cama e começa a gritar de olhos fechados:

— *Espiritum tum!* Vou arrancar seus olhos! Tchibum! A gruta vai desmoronar!!! Chuááá... Chuááá... Sai, *gnomus-nanicus*! Sai!

— Que é isso, Zara? Zacarias, vem cá! Essa menina está delirando. Não fala coisa com coisa! Deita, filhinha, deita.

Durante a madrugada, a mãe toma conta do sono da filha. Zara dorme todo o dia e a noite seguinte. Quando amanhece, Jerê é o primeiro a despertar. Ele está com saudades da sua dona e cacareja alto, em tom de chamado. Zara se espreguiça e bota a mão na testa. Não está mais com febre. Ela se levanta e, ao abrir a janela, dá de cara com Jeremias, que bate as asas animado. Ele fica feliz ao vê-la bem disposta. Nesse momento, Dona Zilda aparece.

— Até que enfim! Olha, filha, tem leite de cabra, broa de milho, requeijão, salada de frutas, canjica quentinha, pão de batata-baroa, banana-da-terra cozida e salada de agrião para o seu pulmão! Ih! Esqueci do mingau de aveia com canela!

— Não traz o mingau não, mãe! Eu não vou aguentar tudo isso!

Hoje é segunda-feira e as aulas vão começar. Zara encontra um pedaço de papel em sua mesa de cabeceira. Põe os óculos e começa a ler. É um bilhete do Altamir. Enquanto ela esteve doente, ele tocou a campainha para convidá-la para pegar jacaré no rio e se despedir das férias.

> zureta, hoje a aventura era mergulhar no rio. quando você ficar boa manda o jeremias me avisar.
> arac deixou um abraço pra você.
> tchau.

7

Homeopatia, Alopatia, Simpatia e Antipatia.

Da alergia à alegria.

A amizade.

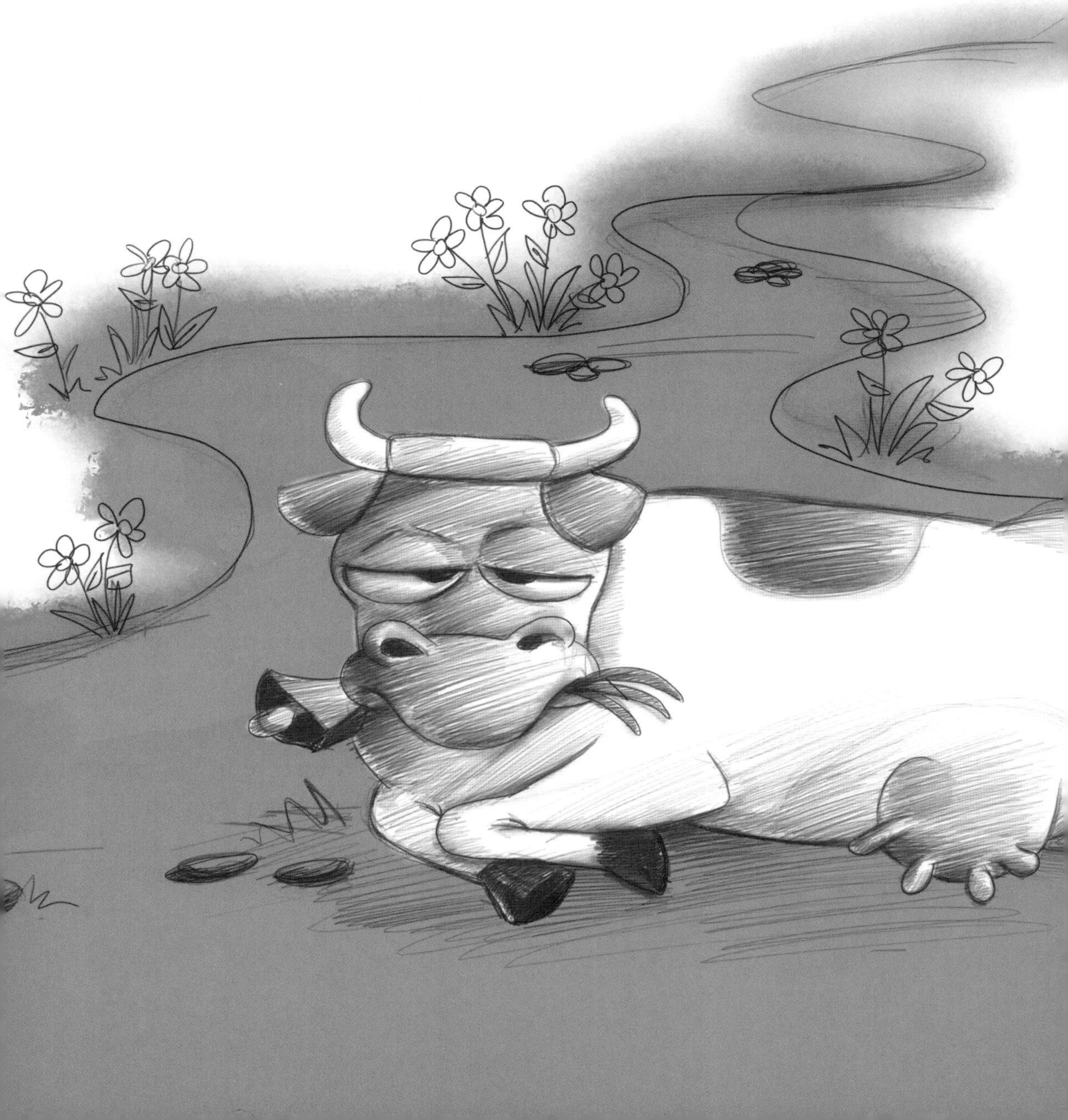

Diga-me uma coisa: existe alguém que você adore ter por perto? Uma pessoa que não seja o seu pai, nem a sua mãe. Tem que ser uma pessoa que faça você ficar muito alegre. Alguém que quando vem a sua casa deixe você bem agitado e cheio de ideias boas na cabeça. Pois é. Uma pessoa quando faz você sentir isso tudo ganha o título de "amigo". Há quem diga que uma verdadeira amizade vale ouro!

A verdade é que hoje Zara acordou felicíssima. Ela não precisa mais passar os dias sozinha na fazenda. A partir de agora, ela e Altamir podem fazer dever de casa juntos e brincar de pique e correr atrás das vacas e dos porcos e das galinhas. Podem catar muita jabuticaba, subir em árvores e virar estátuas moventes.

São 6:20 da manhã e Zara começa a vestir o uniforme. Para. Morde um pedaço da broa de milho. Calça uma meia. Olha-se no espelho, toma um gole de leite gelado e pergunta para a mãe que está lá na cozinha:

— Mããão! Que horas que o Altamir esteve aqui ontem? Cadê o meu tênis? Já embrulhou o meu lanche? Anda logo, mãe!

As duas pegam a estrada. O dia começa a amanhecer com sol cor-de-rosa e céu azulado. Enquanto a mãe dirige, Zara penteia os cabelos e pensa que agora ela é do quinto ano. Considera. Ela deixa os pensamentos circularem. Toda vez que as aulas recomeçam, ela fica ansiosa para saber como serão as coisas.

— Bem que eu podia tirar notas melhores esse ano! A minha letra podia ficar mais bonita. Será que eu vou entender Ciências? Será que o Altamir já chegou na escola? Será que ele vai falar comigo? Acho que esqueci de trazer o apontador... Mãe, você acha que eu cresci?

Subitamente dona Zilda freia o carro. Os pensamentos de Zara batem uns nos outros e ficam amontoados. Quando ela olha pra frente, vê uma vaca malhada, bem gorda e calma, atravessada na pequena estrada de terra. Zara mete a mão na buzina. A vaca nem se mexe. Ela abre o vidro e grita:

— Xôôô!

A vaca nem aí. Dona Zilda bota a cabeça para fora da janela e grita:

— Mõõõõõõõõ! Múúúúúúúúúúú!

Zara cai na gargalhada. Em uma década de vida, ela nunca tinha visto a mãe mugir. Logo em seguida ela lembra-se de que faltam 17 minutos para o sinal da escola tocar. Zara tem uma ideia e abre a sua lancheira.

Dona Zilda preparou um sanduíche de pão de batata com alface, tomate e queijo mussarela. Zara cheira o sanduba bem de pertinho para se despedir dele, sai do carro e segue andando em direção à vaca. A vaca continua nem aí. Ela passa o sanduíche perto do focinho da malhada e bota no chão, do outro lado do caminho. A vaca observa tudo sem se mexer.

Zara tenta comunicar-se com o bicho:

— Vem cá, fofa! Olha esse sanduba, minha nega! Vem coisinha!

A vaca se move. Zara olha para o relógio e fica nervosa.

— Vem, sua avacalhada! Você está empatando o caminho e vai me atrasar para o meu primeiro dia de aula! Anda, criatura!

Dona Zilda liga o motor do carro e deixa a porta do carona aberta. A vaca levanta-se lentamente, balança o rabo e segue na direção do sanduíche. Pronto, a estrada fica livre para elas passarem. Zara grita:

— Finalmente, sua preguiçosa! Mete o pé no acelerador, *mother*!

Dona Zilda sai cantando os pneus e segue em frente. Entra um vento forte pela janela e faz os cabelos de Zara esvoaçarem. Ela sorri. As duas gritam:

UHUUU!

Ao chegar à cidade de Cachoeirinhas, o carro atravessa a ponte e sobe uma ladeira. Bem no alto, está a Escola da Praça. Trata-se de uma casa antiga, pintada de branco, rosa e azul-claro.

Na escadaria principal, dona Eustáquia, a fiscal dos horários e dos comportamentos, fica de prontidão. No portão, Solimar recebe as cadernetas para carimbar. Solimar é gente boa. Zara despede-se da mãe. Faltam dois minutos para o sinal bater e o portão fechar.

A menina corre pelo corredor da escola à procura da sala do quinto ano. Zara dá uma espiada e reconhece alguns rostos familiares... Denise, Renata, Crisógono, Karen, Tânia, Ricardo. Ela gruda o rosto no vidro para ver se Altamir veio. Nesse momento, a professora finaliza a chamada:

— Zara Zoraide!

Zara abre a porta, dá de cara com o amigo sentado na terceira fileira e responde:

— Oi, Altamir! Quero dizer, presente, *fessora*!

A sala de aula é grande e nenhum aluno tem lugar marcado. Quem chega vai sentando onde preferir. A professora pede que a turma abra o livro de literatura na página sete. Enquanto Zara busca o livro na mochila, um aviãozinho de papel aterrissa em sua mesa. Ela olha para os lados e vê Altamir piscando o olho. Abre o avião devagarinho e da asa esquerda saem duas perninhas cabeludas, depois mais três pernas e mais três. Em seguida, uma cabecinha redonda e dois olhinhos bem pretos. A bordo da pequena aeronave está Arac com seu indefectível capacete de jabuticaba.

O aracnídeo pula para dentro do estojo da Zara e agarra-se a uma borracha. Altamir, do outro lado sala, espia tudo.

Aquela manhã na escola foi muito importante para Zara. As amigas comentaram que ela estava diferente e até mais bonita. Ela realmente estava mais falante e alegre. No recreio, Altamir apareceu pra pegar Arac de volta. Zara contou pra ele a história da vaca e que, por causa desse acontecido, tinha ficado sem lanche. Ao fim da manhã, na hora de voltar pra casa, dona Zilda buzina em frente à escola. Zara procura o amigo e pergunta:

— Você vai pegar carona com a gente, Altamir Lourenço?

— *Simbora*, povo!!!

— Mãe, esse é o Altamir, lembra?!

Dona Zilda acelera e carrega os dois de volta para casa. Curiosa essa mãe da Zara. Ela é meio certinha para fazer algumas coisas como arrumar a casa; vigiar a boa hora de dormir; separar plantas medicinais (que curam febres e dores) das plantas aromáticas (que perfumam os ambientes) e das plantas temperantes (que servem para temperar os alimentos). Mas quando pega o volante do carro é como se ela se transformasse. Quem não está preparado até estranha. A expressão de dona Zilda muda, ela solta a cabeleira, liga o rádio e empina a coluna. Até usa luvas de couro! Zara orgulha-se da mãe ser um ás do volante. Já o pai é meio barbeiro, mas ela gosta dele assim mesmo. E vamos falar a verdade: dona Zilda dirige muito bem! Um dia, a mãe do Cris levou horas para sair de uma vaga. Logo depois, chegou a dona Zilda e, com um movimento para frente e duas ajeitadas de marcha, estacionou que nem profissional. O dono da lanchonete em frente até aplaudiu. E pensa que dona Zilda ficou envergonhada? Nada! Quem ficou tímida foi a Zara, porque a mãe desceu do carro, tirou as luvas, sacudiu os longos cabelos e agradeceu os aplausos. Naquele momento, Zara se escondeu no banco do carona. No entanto, lá no fundo, ela sentiu muito orgulho da mãe.

A estrada estava vazia e só havia o carro de Zara deslizando no asfalto, janelas abertas e um sol de derreter. A pilota segurava o volante como uma heroína de guerra enquanto Zara e Altamir, no banco de trás, olhavam a paisagem: um canavial imenso, lado direito e lado esquerdo. Estavam próximos da fazenda e pegaram a estrada de terra. Quem olhasse veria a espiral de poeira vermelha e amarela que o carro deixava para trás.

De repente, uma freada forte... ainda bem que todos usavam cinto de segurança! Zara não acreditou. O carro estava com o para-choque encostado no focinho da vaca-nem-aí. Zara e Altamir desceram do carro e chegaram perto da vaca. Ela nem piscou. Só balançou um pouco o rabo.

Zara, que já era íntima, foi a primeira a argumentar:

— Sai daí, sua vaca! Não acredito que é você de novo!

Altamir tenta ajudar:

— Calma, Zara. Tem que falar com jeito, assim ó: seu animal gordo e teimoso, sai do caminho, por favor, por gentileza!!!

Zara comenta:

— Esse é o seu jeitinho? Então peraí. Vacona bunduda e babuda, sai da frente que a gente quer passar!

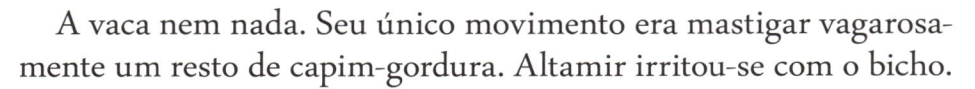

A vaca nem nada. Seu único movimento era mastigar vagarosamente um resto de capim-gordura. Altamir irritou-se com o bicho.

— Peraí que agora eu perdi a paciência! Onde está a sua família, hein? Por que você é a única da sua raça que resolveu atrapalhar o caminho das pessoas? Parece que não pensa... que vaca!

— Vem aqui, Altamir! Vamos empurrar essa vaca. Me ajuda pra ver se ela levanta essa bunda pesada.

— Já sei, Zureta! Eu tenho um kit-babão aqui no bolso: jujubas e chicletes... quem sabe ela não se interessa?

Altamir coloca as delícias perto da cerca, a vaca levanta-se rapidamente e vai até lá, babando. A vaca, por sorte, ignora a oferenda. Os dois entram voando no carro e, quando fecham a porta, dona Zilda arranca usando toda a potência do motor.

De longe podemos escutar os dois rindo muito. Quanto mais o carro se aproxima da fazenda, maior é a nuvem de poeira deixada para trás. Altamir puxa assunto:

— Zara, você entendeu o dever de português?

— Uai! O meu é pra procurar no dicionário a palavra *amicitia*.

— A palavra que ela sorteou pra mim foi *benevolentia*. Isso é polonês?

— Não parece. Acho que é italiano.

Dona Zilda participa da conversa:

— É latim, gente! Uma língua muito antiga...

Altamir volta a falar:

— Meu pai tem um dicionário de latim tão grande que, se cair na cabeça de alguém, acho que a pessoa cai dura no chão!

— Altamir, você é mesmo exagerado!

— Zureta, você sabia que do outro lado desse rio descobriram pepitas de ouro? Não sei se é verdade, mas vou investigar. Você quer vir?

— Espera um segundo, vou buscar meu snorkel.

— Hahaha! Vai buscar o quê?

— Meu snorkel! Não se mova e me espere!

— Ok, estou aqui paradão, esperando você e esse *isnorquel!* A propósito, isso é um animal, um vegetal ou um mineral?

— É uma coisa, Altamir. Categoria coisa!

— Tá vendo, Arac, lá vamos nós filosofar sobre as coisas, as pessoas e as histórias. Essa vida é muito boa!

Neste momento, Zara está revirando um baú na garagem de sua casa para achar um pé de pato e um snorkel. O coração da menina faz tum tum tum acelerado, porque ela sente que lá vem mais um mergulho aventureiro...

Bife a cavalo

1 bife de carne macia, 1 ovo de galinha caipira, 1 dente de alho amassado, 1 colher de sopa de óleo de milho

Modo de preparo

Tempere o bife com sal e um tiquinho de alho. Coloque o óleo em uma frigideira e, quando estiver quente, frite o bife sem tostar demais. Deixe dourar um pouquinho de um lado e um pouquinho do outro. Quando estiver quase pronto, abra o ovo em cima do bife, adicione uma pitada de sal e coloque uma tampa para abafar. Pode desligar em 2 minutos. Sirva com arroz, feijão, saladinha de pepino e uma boa farofa.

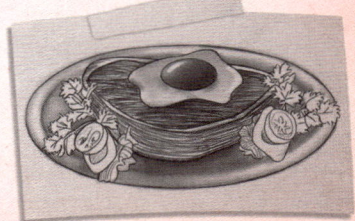

> SEPAREI TRÊS RECEITAS DELICIOSAS DAQUI DA FAZENDA. SE VOCÊ FOR COZINHAR, PEÇA A AJUDA DE ALGUM ADULTO, TÁ?

Goiaba puxa-puxa

8 goiabas vermelhas, 2 colheres de sopa de açúcar mascavo, 8 colheres de sopa de água filtrada, 1 colher de requeijão bem cheia

Modo de preparo

Descasque as goiabas e retire as sementes. Divide-as em 8 pedaços e coloque-os em uma panela. Ligue o fogo baixinho e acrescente o açúcar mascavo. Misture com uma colher de pau. Quando começar a esquentar bem, junte a água. Continue cozinhando em fogo baixinho até as goiabas desmancharem e o caldo enxugar. Mexa bem, até ficar com consistência de brigadeiro de aniversário. Desligue o fogo e deixe esfriar. Quando for saborear, sirva o requeijão geladinho ao lado da goiaba. É importante comer os dois juntos.

Brigadeiro com biscoitos de maisena

1 lata de leite condensado, 2 colheres de sopa bem cheias de cacau em pó, 1 colher de chá bem cheia de manteiga salgada, 18 biscoitos de maisena

Modo de preparo

Coloque tudo em uma panela, menos os biscoitos, acenda o fogo baixo e vá mexendo com uma colher de pau. Para saber se está pronto (depois de uns 20 minutos), incline a panela e veja se o brigadeiro solta-se sozinho do fundo da panela. Se chegou a esse ponto, mexa por mais 3 minutos para não agarrar, e desligue o fogo. Enquanto esfria, parta os biscoitos com as mãos. Em seguida, jogue-os na panela e misture bem. Pronto!

Agora, é só chamar os amigos. Bom apetite!